PLAN

D'UNE

MONOGRAPHIE PROVINCIALE

SAIGON
IMPRIMERIE DE L'UNION NGUYỄN-VĂN-CỦA
13, rue Lucien Mossard, 13

1929

PLAN

D'UNE

MONOGRAPHIE PROVINCIALE

SAIGON
IMPRIMERIE DE L'UNION NGUYÊN-VAN-CUA
13, rue Lucien Mossard, 13

1929

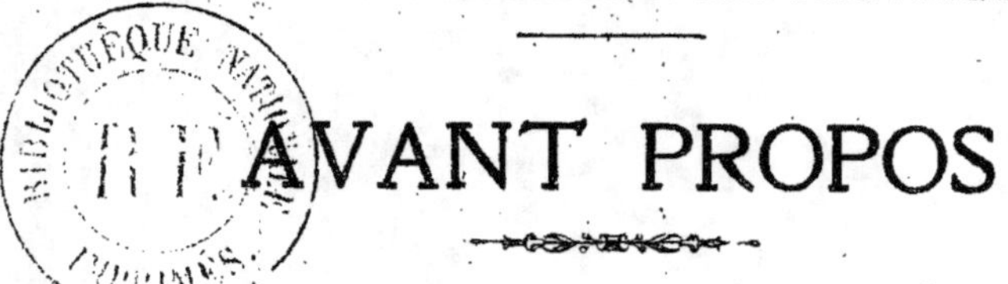

AVANT PROPOS

Le rédacteur de cette monographie doit saisir qu'il lui faut uniquement et strictement insister sur les caractéristiques locales originales de sa province et se contenter de donner une idée exacte et complète de la physionomie provinciale.

Mais il importe également de bien faire ressortir l'évolution de chaque province considérée sous ses plus divers aspects : pour atteindre ce but on multipliera les graphiques et les cartes, notamment il conviendra de donner pour chacune des provinces les cartes suivantes : générale de la province ; répartition du peuplement ; politique et administrative ; économique ; routière (en n'indiquant que les voies en service) ; des canaux ; du Tourisme.

D'une manière générale, l'établissement des graphiques devra se conformer en chaque cas à la périodicité suivante : 1859-1879 ; 1879-1899 ; 1899-1914 ; 1914-1918 ; 1918-1929 (31 Décembre) ainsi le lecteur pourra d'un seul coup d'œil suivre la progression ascendante de la colonie.

Il est expressément recommandé de dresser une bibliographie aussi complète que possible des sources consultées, livres, articles de revues, extraits de collections, manuscrits, en joignant les références très complètes.

On s'abstiendra par conséquent de toutes considérations générales qui alourdiraient la monographie sans lui apporter d'autre élément que de banalité.

PLAN DE MONOGRAPHIE

LIVRE PREMIER
Le cadre

CHAPITRE PREMIER
Géographie physique

§ *a)* Description de la province : frontières, superficies,
    caractéristiques.

§ *b)* Géologie.

§ *c)* Orographie.

§ *d)* Climat.

§ *e)* Hydrographie.

§ *f)* Sites.

CHAPITRE II
Géographie historique

Physionomies diverses de la province au cours des âges,
Création de la province, Acquisitions territoriales, ces-
sions, mutations.

Etymologie du nom de la province, des cantons, des centres
et des villages avec la transcription en caractères cam-
bodgiens, chinois et la traduction approchée en français.

CHAPITRE III
Historique de la province

1° Résumé aussi concis et aussi complet que possible des
diverses notions que l'on a conservées sur l'histoire de la
province; noter, à côté des récits qui peuvent être tenus
pour authentiques, les relations légendaires ou fabuleuses
du folklore local.

Monuments archéologiques, tombeaux, vestiges khmères,
chames, préhistorique, — Pagodes anciennes.

2º Historique de la province depuis 1861 ou 1867 jusqu'à nos jours sous forme de récit de la vie du passé *(faits importants :* invasions, guerres, révolutions, mouvements religieux; *vie économique ancienne*: agriculture, élevage, forêts, industrie, commerce ; *vie sociale*: mœurs et coutumes particulières à la province, habits, logements, etc.).

CHAPITRE IV

Le peuplement de la province :

a) Etude des différents groupes ethniques existant dans chaque province depuis les origines. Ce chapitre devra comporter surtout des graphiques établis de vingt en vingt ans pour montrer les mouvements des populations. Ils pourront être établis sur le modèle ci-joint :

Baria 1859-1879

PAR milliers	ANNAMITES	Cambodgiens	CHAMS	CHINOIS	MINH-HUONG	MÉTIS Sino - Cambodgiens	MOIS	DIVERS
250								
200								
150								
100								
50								

b) **Religion :** Brahmanique, Bouddhique, Confucianisme, Christianisme, Statistique des cultes dans la province.

c) **Groupement de populations :** Groupement urbain. — Types des villages, de bourgs, de hameaux. — Types de maisons: cases, paillotes, construction en maçonnerie.

Développement de la vie urbaine : augmentation comparée des prix des terrains urbains.

d) **Organisation administrative de la province :** Délégations, Cantons, Communes.

CHAPITRE V
Tourisme

Les curiosités naturelles etc.

LIVRE II
Évolution économique

CHAPITRE PREMIER
Situation foncière de la province

a) Superficie totale des terres cultivables de la province en 1929. Terres en culture. Terres incultes.

b) Examen comparatif des superficies en culture aux cinq périodes considérées. Distinction par nature de productions Leur rendement.

c) Variation du prix de la terre aux différentes époques. Valorisation de la rizière ; évaluation de la valeur vénale des rizières d'une province. — Rapprochement à établir entre les prix pratiqués en 1860 et ceux de 1929.

d) Morcellement : Nombre des propriétaires. Superficies moyennes des propriétés.

e) Biens communaux : leur superficie ; leur valeur.

f) Biens domaniaux : inaliénables, à aliéner.

CHAPITRE II
Agriculture
Section A
Conditions générales d'exploitations

a) Les cultures alimentaires : Riz, maïs, manioc, cocotier, légumineuses, culture fruitière, thé, café, épices.

b) Les cultures industrielles : Hévéa, kapok, oléagineux, coton, soie, jute, quinquina.

Section B

Conditions générales d'exploitation (suite).

a) La main-d'œuvre : *locale*, utilisation, métayage, etc.
D'importation : Tonkinoise,
chinoise, étrangère.

b) Encouragements donnés à l'agriculture ; Crédit agricole, concours de paddys, stations d'essai, primes au rendement, motoculture, concours séricicoles, hydraulique agricole

Section C

La colonisation européenne

Expansion du mouvement de colonisation : les concessions ; les concessions d'Anciens Combattants : les grandes plantations. Evolution de la superficie des terres concédées depuis 1899.

Distinction par nature de cultures : leur rendement.

Section D

L'Agriculture indigène

Méthodes et instruments locaux. Des cultures locales. Evolution de l'agriculture indigène : motoculture, instruments agricoles, etc.

CHAPITRE III

Forêts

Constitution et entretien des Réserves. Superficie des réserves provinciales.

CHAPITRE IV

Elevage

Historique du cheptel, importation ; dépenses réalisées de ce fait. Importance du cheptel ; grand, moyen et petit élevage ; Haras, Service vétérinaire, Epizooties, Résultats des vaccinations diverses.

CHAPITRE V
Pêche et chasse

CHAPITRE VI
Carrières

CHAPITRE VII
Commerce et industrie locaux

a) Développement de la rizerie mécanique dans les provinces.

Briqueterie. Orfèvrerie. Ecailles. Nattes. Nuoc-mam. Charbon de bois. Electrification des campagnes. Chaux.

b) Commerce et industries européens.

CHAPITRE VIII
Salines

CHAPITRE IX
Evolution de la vie sociale en fonction des résultats économiques

Habitation. Construction en matériaux durables; maisons en briques, en pierre, ou en agglomérés. Différents types de maisons.

LIVRE III
Œuvres scolaires

Ce livre devra également être compris du point de vue de l'évolution.

On prendra les mêmes dates qui ont été indiquées en tête du livre II et on soulignera la marche ascendante de chacune de ces œuvres.

CHAPITRE PREMIER
Instruction Publique

a) Enseignement officiel :
- Primaire
- Franco-indigène
  - Annamite
  - Cambodgien
  - Moï
- Primaire supérieur
- Professionnel et technique
- Enseignement français.

b) Enseignement privé:
- Confessionnel
  - Congréganiste
  - Ecole de pagode
- Laïque
  - Français
  - Indigène
  - Chinois (caractères)

c) Les œuvres en marge de l'Enseignement:

Œuvres postscolaires:
Enseignement mutuel
Patronage laïque

Œuvres parascolaires:
Caisses des Ecoles. Cantines. Internats.
Education physique,

CHAPITRE II

Service de Santé et Assistance Médicale :

Section A : Hôpitaux (Nombre, nombre de lits, nombre de consultations, malades traités)

Section B : Ambulances » »

Section C : Maternités » »

Section D : Services vaccinateurs. Lutte contre les épidémies. Résultats.

Section E : Médecins libres.

Section F : Ambulances créées par des particuliers.

LIVRE IV

La mise en valeur de la Cochinchine

CHAPITRE PREMIER

Les Travaux publics

a) **Réseau routier :** Création, entretien, Classement des routes, longueur, largeur; extension
Longueur du réseau en 1865, 1885, 1905, 1929.
Transport en communs. Services automobiles.

b) **Canaux :** Création, entretien, dragages, Longueur du
réseau.

c) **Chemins de fer et Tramways :**

d) **Ponts et Ouvrages d'art.**

e) **Bâtiments civils.**

CHAPITRE II
Les P. T. T.

Evolution de la correspondance, des mandats, des colis-
postaux aux diverses dates considérées. Postes rurales.

CHAPITRE III
Navigation

Evolution des flottilles provinciales ; relations intérieures
et extérieures. Importance du trafic. Transport en communs
par chaloupe.
Batellerie de transport.

CHAPITRE IV
Les Douanes et les Régies

Mouvements des importations et des exportations. Ré-
gies, Evolution.

LIVRE V
Finances

Budget provincial : Son importance — son développement — répartition de ses dépenses.

Budgets communaux : Leur création — développement
— nombre-importance — répartition de leurs dépenses.

Budgets de :

$$
\begin{array}{rcl}
0 & \text{à} & 2.000 \\
2.000 & \text{à} & 5.000 \\
5.000 & \text{à} & 10.000 \\
10.000 & \text{à} & 20.000 \\
20.000 & \text{à} & 50.000 \\
50.000 & \text{à} & 100.000
\end{array}
$$

Budgets des centres

Budgets municipaux

Établir la progression des budgets aux différentes étapes.

BIBLIOGRAPHIES

a) Ouvrages de fonds ;
b) Ouvrages spéciaux à la province
c) Articles de revue
d) Extraits de collections
e) Manuscrits (Archives et documents locaux).